INSPIRAÇÃO CATECUMENAL...
SOBRE O QUE ESTAMOS FALANDO?

Dados Internacionais de Catalogação na Publicação (CIP)
(Câmara Brasileira do Livro, SP, Brasil)

Pupo, Débora Regina
　　Inspiração catecumenal – sobre o que estamos falando? / Débora Regina Pupo. – Petrópolis, RJ : Vozes, 2022.

　　Bibliografia.
　　ISBN 978-65-5713-498-6

　　1. Catecumenato 2. Catequese – Igreja Católica 3. Evangelização 4. Mistagogia 5. Querigma I. Título.

21-87459　　　　　　　　　　　　　　　　　　　　　　　　　　　CDD-268.82

Índices para catálogo sistemático:
1. Catecumenato : Iniciação cristã : Igreja Católica 268.82

Cibele Maria Dias – Bibliotecária – CRB-8/9427

Débora Regina Pupo

INSPIRAÇÃO CATECUMENAL...
SOBRE O QUE ESTAMOS FALANDO?

Petrópolis

© 2022, Editora Vozes Ltda.
Rua Frei Luís, 100
25689-900 Petrópolis, RJ
www.vozes.com.br
Brasil

Todos os direitos reservados. Nenhuma parte desta obra poderá ser reproduzida ou transmitida por qualquer forma e/ou quaisquer meios (eletrônico ou mecânico, incluindo fotocópia e gravação) ou arquivada em qualquer sistema ou banco de dados sem permissão escrita da editora.

CONSELHO EDITORIAL

Diretor
Gilberto Gonçalves Garcia

Editores
Aline dos Santos Carneiro
Edrian Josué Pasini
Marilac Loraine Oleniki
Welder Lancieri Marchini

Conselheiros
Francisco Morás
Ludovico Garmus
Teobaldo Heidemann
Volney J. Berkenbrock

Secretário executivo
Leonardo A.R.T. dos Santos

_____

Diagramação: Victor Mauricio Bello
Revisão gráfica: Editora Vozes
Capa: Rafael Nicolaevsky

ISBN 978-65-5713-498-6

Este livro foi composto e impresso pela Editora Vozes Ltda.

SUMÁRIO

APRESENTAÇÃO, 7

CAPÍTULO I – Catecumenato – Um caminho de iniciação, 9

CAPÍTULO II – O que caracteriza uma catequese de inspiração catecumenal, 17

CAPÍTULO III – Como ser catequista na proposta da inspiração catecumenal?, 26

CAPÍTULO IV – O catequista e seus interlocutores, 33

REFERÊNCIAS, 39

APRESENTAÇÃO

Uma palavra que escutamos muito nos últimos anos é "inspiração". No âmbito catequético, é a inspiração catecumenal. Mas o que quer significar esta terminologia? Partimos do Concílio Vaticano II, que pede que se restaure o catecumenato na Igreja. A instituição catecumenal foi de grande riqueza nos primeiros séculos do cristianismo com seus tempos e etapas. Propõe, de fato, um itinerário sério e prolongado para aqueles que desejavam se tornar cristãos e receber os sacramentos da Iniciação Cristã.

O tema da inspiração catecumenal vai se fortalecendo gradativamente, principalmente a partir do Diretório Geral para a Catequese de 1997. Afirmava que toda a catequese deve se inspirar no catecumenato batismal (cf. DGC 90-91). A partir daí, vai crescendo gradativamente em nosso país o desejo de conhecer o catecumenato antigo e sucessivamente poder se inspirar nesse modelo que foi tão rico no início do cristianismo. É urgente conhecer os tempos e as etapas da instituição catecumenal e perceber a riqueza nos textos dos Padres da Igreja, assim como a seriedade como era feito o acompanhamento dos catecúmenos e a responsabilidade assumida por toda a comunidade de fé.

Foi, na realidade, a partir da terceira Semana Brasileira de Catequese, que o tema da Catequese a serviço da Iniciação Cristã com inspiração catecumenal se fortaleceu em toda a Igreja do Brasil. Surgem novas experiências e muitas reflexões ao redor do tema. As editoras também se esforçam para produzir material catequético a partir desse novo paradigma.

A catequese com inspiração catecumenal nos fez rever a metodologia catequética utilizada até então. Nasce em nossa prática algo de extraordinário, passa-se a seguir os tempos e as etapas do catecumenato. Ganha força a ideia do anúncio querigmático em todo o itinerário, particularmente no pré-catecumenato. Surge a necessidade do encontro pessoal com Jesus Cristo a partir do anúncio do querigma, fazendo com que, no catequizando, desperte o interesse por Jesus Cristo e se torne posteriormente um discípulo missionário. O acompanhamento pessoal ao catequizando ou catecúmeno passa a ser realizado pelo introdutor ou outra pessoa designada pela comissão de catequese.

Aspecto importante a ser destacado, também na inspiração catecumenal, foi a reaproximação com a Liturgia. Compreender que Catequese a serviço da Iniciação à Vida Cristã e Liturgia caminham juntas, de mãos dadas. O conhecimento de toda a riqueza das celebrações contidas no Ritual de Iniciação Cristã de adultos trouxe uma nova primavera para aqueles que atuam na catequese. Destaco aqui a grande contribuição da catequese nacional, regional e diocesana de tornar conhecido este ritual, favorecendo que, ao mesmo tempo, ele fosse sendo colocado em prática. Porém, o desafio ainda permanece em algumas realidades.

O trabalho de pesquisa da nossa querida Débora Pupo dará uma contribuição importante para uma melhor compreensão da inspiração catecumenal. Ela, como doutoranda em Teologia, tem um bom referencial teórico e, ao mesmo tempo, uma longa prática catequética e pastoral. É alguém que fala também a partir da experiência concreta, conhecendo as dificuldades na transmissão da fé cristã às novas gerações. Como coordenadora regional, conhece bem a realidade da comissão bíblico-catequética nas diversas dioceses e paróquias. Por isso, este livro, com certeza, dará um forte impulso na inspiração catecumenal para toda a catequese e indica caminhos para concretizar esta proposta.

Acredito que esta obra catequética favorecerá a compreensão dos catequistas sobre a inspiração catecumenal, promovendo uma prática catequética iniciática que ajude os catequizandos a fortalecerem a convicção do seguimento a Jesus Cristo. Parabenizo a autora pela grande contribuição que ora oferece aos catequistas e agentes de pastorais da Igreja no Brasil. Que possamos saborear a preciosidade desta obra e, assim, nossa catequese será sempre mais querigmática e mistagógica.

Dr. Pe. Jânison de Sá Santos
Assessor da Comissão Bíblico-catequética da CNBB Nacional

CAPÍTULO I

CATECUMENATO
UM CAMINHO DE INICIAÇÃO

Nosso objetivo é refletir sobre a Inspiração Catecumenal, para isso precisamos esclarecer conceitos que, muitas vezes, se intercalam nos livros e documentos para compreender sobre o que estamos falando quando mencionamos termos como: catecumenato, inspiração, ritos, iniciação à vida cristã. Isso o faremos neste capítulo para estarmos em sintonia com as reflexões catequéticas e da Igreja.

1.1 PARA MELHOR ENTENDER O SENTIDO DE "INICIAÇÃO"

O termo iniciação não possui um conceito apenas religioso, pois "equivale a todo processo de maturação, desenvolvido durante um certo tempo, para chegar à identificação de uma pessoa com um grupo concreto ou uma determinada comunidade" (FLORISTÁN, 1995, p. 11).

É possível afirmar que a dinâmica da iniciação envolve aspectos subjetivos, ou seja, atinge a pessoa no seu íntimo e na sua própria constituição. Por isso, o iniciado é um ser transformado, que passou por uma mudança na ordem de seu ser e de sua pertença a uma comunidade. Por isso, afirmamos que o fenômeno da iniciação está ligado à experiência de passagem, pois evoca a ideia de mudança, ou seja, de transformação que supõe o aprendizado de uma experiência religiosa que se apresenta ao iniciante como uma opção definitiva, que transformará sua vida ao assumir a sua identidade cristã.

Os elementos fundamentais que constituem a iniciação religiosa como processo são três: A instrução relacionada ao saber, os ritos relacionados à dimensão celebrativa e a estrutura dinâmica que contribui para o crescimento e o amadurecimento do iniciante. Segundo o pensamento de Floristán (1995), é importante destacar que o processo da iniciação deve percorrer os seguintes passos: a ruptura com a vida anterior à graça, isto é, deixar o pecado; as provas, quando o iniciante fortalece as suas escolhas e amadurece a sua consciência moral; a pertença à comunidade, quando o iniciante se torna membro ativo da comunidade.

Outro aspecto importante na iniciação religiosa é o grupo do qual o iniciado fará parte. Visto que o caráter de aprendizado é importante neste processo iniciático, a comunidade tem a missão de acompanhar o crescimento do iniciado e, aos poucos, acolher o novo membro e, também, testemunhar a alegria de viver a vida que desejam transmitir ao novo membro da comunidade.

Ainda é possível centrar melhor nossa reflexão e pensar a iniciação cristã, ou iniciação à vida cristã, que se torna mais particularizada que a iniciação religiosa. Isso significa que definimos bem nosso objetivo: iniciar na vida cristã por meio de um caminho de formação e celebração que conduz a uma opção de vida. Mas antes, vamos olhar para a iniciação cristã e destacar alguns pontos importantes. É preciso entender a iniciação cristã como

> o processo gradual de fé realizado pelo convertido, com a ajuda de uma comunidade de fiéis para tornar-se membro dela por meio dos sacramentos de entrada e a força do Espírito de Jesus Cristo (FLORISTÁN, 1995, p. 27).

Na iniciação cristã o iniciante é convidado a fazer experiência do mistério de Cristo, mediante a passagem para o estado de fiel, ou seja, aquele que fez experiência pelos sacramentos e aderiu com convicção à nova vida a ele apresentada (FLORISTÁN, 1995).

É possível apresentar, pelo menos, quatro características importantes e interligadas, que nos permitem perceber que a iniciação envolve a pessoa como um todo, interligando todas as dimensões (FLORISTÁN, 1995):

a. iniciação sacramental, ou seja, é experiência de acesso ao mistério de Cristo mediante a celebração dos sacramentos do Batismo, Crisma e Eucaristia;
b. iniciação ritual: sempre acompanhado da Palavra de Deus, o rito é manifestação da graça divina e leva o iniciado a se tornar membro real da comunidade;
c. iniciação permanente: isto se explica pelo fato de que o sacramento é aliança com Deus, e aliança definitiva, permanente. Não se trata de estar sempre sendo iniciado, mas sim de que, uma vez celebrados, os três sacramentos da iniciação (Batismo, Crisma, Eucaristia) concedem, em modo definitivo, a nova vida em Cristo;
d. iniciação escatológica: está em relação com o momento final, com a vida plena em Cristo, simboliza a morte que abre os caminhos da plenitude da vida.

Ao termo Iniciação Cristã é possível atribuir dois sentidos. O primeiro é o da Iniciação Cristã entendida como processo de preparação sacramental, ou seja, é o processo "pelo qual alguém é iniciado na fé cristã" (LIMA, 2009, p.15). Esse processo termincria com a recepção dos sacramentos da iniciação: Batismo, Eucaristia e Crisma. Esta é a iniciação sacramental.

O segundo sentido é que "a expressão iniciação cristã passou a significar todo o processo pós-batismal percorrido para se chegar a esta profunda realidade" (LIMA, 2009, p.16). Aqui se trata, na verdade, de um caminho de formação que auxilia os já batizados a desenvolverem a fé e aprofundarem o contato pessoal com Jesus Cristo e viver sua mensagem.

Uma vez que esclarecemos alguns termos, é possível nos perguntar: por qual caminho se dará a iniciação? Qual itinerário nos é apresentado para iniciar na fé aqueles que manifestam o desejo de serem cristãos? A resposta para essas perguntas pode ser encontrada no catecumenato.

1.2 CATECUMENATO, PARA RECORDAR

Em seu período mais intenso o catecumenato pode ser identificado como uma séria e original proposta formativa-pastoral. Um caminho para quem deseja tornar-se cristão, pois a finalidade do processo catecumenal é formar verdadeiros discípulos de Cristo (FLORISTÁN, 1995). Por isso a formação proposta era rigorosa e exigente, destinada ao crescimento na fé e na vida cristã, e consistia da explicação do aspecto essencial da mensagem cristã, do entendimento das verdades da fé e da instrução moral.

O catecumenato é um caminho formativo-espiritual e o catequista é visto como verdadeiro formador; já o papel da comunidade é o de acompanhar, com a oração e o exemplo, o catecúmeno. Ao final da preparação catecumenal, o candidato era submetido à avaliação de quem o acompanhava, da comunidade e também de pessoas cristãs, mais próximas a ele, para constatar o progresso espiritual. É preciso destacar também a importância da dimensão litúrgica do catecumenato, uma vez que os catecúmenos devem ser iniciados nos mistérios da salvação, também através da celebração litúrgica.

A primeira fase do catecumenato se concentra do século II até a primeira metade do IV século. Nesse período o catecumenato representa um processo formativo exigente. Supõe-se dos fiéis uma primeira orientação ao cristianismo e uma fé inicial, que deve progredir conforme o catecúmeno avança na caminhada formativo-espiritual.

A segunda fase do catecumenato, que vai da segunda metade do IV século até o V, coincide com o período em que o cristianismo é considerado religião oficial do Império Romano e as conversões se tornam mais numerosas. Nessa segunda fase a formação assume um caráter essencialmente catequético, sendo ministrada nas homilias. A principal exigência aqui é de uma escolha mais consciente do cristianismo e um pedido explícito do batismo.

A terceira fase do catecumenato, do V ao VII século, é identificada como um período de progressivo enfraquecimento. O catecumenato inicia um lento declínio que o leva ao total desaparecimento. Nesse período se percebe, cada vez menos, o sentido de um processo formativo e, cada vez mais, a passagem ritual pelo batismo. O sacramento chega primeiro; a formação, depois. O batismo de crianças se generaliza, o caminho catecumenal se reduz a uma breve etapa em vista do batismo. A figura do catequista perde o caráter de formador, é enfatizada a responsabilidade dos pais e padrinhos na formação espiritual da criança recém-batizada.

Aos poucos se caminha para o fracionamento dos três sacramentos da iniciação e o desligamento da celebração da Páscoa consolidada ao longo dos séculos. Multiplicam-se os batizados, por isso não mais somente o bispo pode realizá-lo, como também o padre. Outro caráter que sofre grande mudança é que os ritos, antes distribuídos em várias celebrações, tornam-se, cada vez mais, um único momento; e são todos realizados numa única celebração.

A partir do século VI se consolida um novo modelo, pois se percebe a opção, cada vez mais clara da Igreja, por batizar crianças, cujo processo formativo se reduz à celebração do sacramento. Por fim, o catecumenato, como processo de formação cristã, desaparece por completo a partir do século VII.

A prática da catequese para crianças vai se fortalecendo e os séculos seguintes apresentam estudos e avanços nessa dimensão. A preocupação é sempre a doutrinal, a de explicar o catecismo. É, portanto, a fase da instrução religiosa em vista de uma melhor celebração dos sacramentos. Entretanto, o Concílio Vaticano II propõe para toda a Igreja a retomada do catecumenato de adultos (SC, 64), reconhecido como um tempo para "conveniente instrução" (SC, 64) para que possa ser desenvolvida a conversão, suscitada pelo anúncio de Cristo (AG, 13).

Em síntese podemos dizer que o catecumenato é um processo formativo de adultos em função da Iniciação Sacramental com o claro objetivo de favorecer o crescimento espiritual do novo batizado. Pode-se ainda destacar que este é um tempo de combate espiritual, tempo de formação e renovação interior, de crescimento. É um aprendizado global da vida cristã para ajudar os novos crentes a se tornarem discípulos de Cristo.

1.3 INSPIRAÇÃO CATECUMENAL, O QUE SIGNIFICA?

De acordo com o número 64 do Diretório para a Catequese (DC), inspiração catecumenal é assumir o estilo, o dinamismo formativo e "repropor os principais elementos do catecumenato, que, após o necessário discernimento, devem hoje ser incluídos, valorizados e atualizados com coragem e criatividade". Esse número nos ajuda a compreender o sentido da inspiração, vejamos:

> A inspiração catecumenal da catequese não significa reproduzir, ao pé da letra, o catecumenato, mas assumir o seu estilo e o seu dinamismo formativo, respondendo também à "necessidade de uma renovação mistagógica, que poderia assumir formas muito diferentes de acordo com o discernimento de cada comunidade educativa" (DC, 64).

Em um primeiro momento o foco da renovação catequética e da inspiração catecumenal se fixou na mudança de nomenclatura e na grande preocupação de itinerário que respeitassem os tempos e etapas. No entanto, é preciso ir além de dividir os itinerários catequéticos em pré-catecumenato, catecumenato, purificação, iluminação e mistagogia, essa é uma parte do processo de iniciação.

Agora vamos tentar sistematizar as ideias em busca de uma resposta para nossa pergunta: inspiração catecumenal, o que significa?

Quando falamos de inspiração catecumenal significa que devemos estudar o itinerário formativo das primeiras comunidades; o que se dará através de leituras, pesquisas e do estudo do RICA. Após conhecermos o catecumenato, podemos nos perguntar: o que é essencial nesse processo? Quais os elementos característicos desse período que podem inspirar nossa catequese e ajudar a organizar itinerários de transmissão e aprendizagem?

O decreto *Ad Gentes* nos lembra que o "catecumenato não é mera exposição de dogmas e preceitos, mas uma formação e uma aprendizagem de toda a vida cristã [...] prolongada de modo conveniente, por cujo meio os discípulos se unem com Cristo seu mestre" (*AG*, 14). Em relação aos objetivos do catecumenato, o decreto destaca a necessidade de iniciar o catequizando no mistério da salvação, configurar o seu agir de acordo com os costumes evangélicos e introduzi-lo na vida de fé, na liturgia e na caridade do Povo de Deus (cf. *AG*, 14).

De acordo com esse decreto do Vaticano II, podemos dizer que o catecumenato antigo:

- É um itinerário formativo que favorece o aprendizado de toda a vida cristã.
- Trata-se de um processo que necessita de um tempo conveniente para acompanhar o catecúmeno em seu processo formativo.
- É um meio que deve favorecer o encontro com Cristo, mestre dos discípulos.
- A catequese catecumenal é uma catequese de iniciação, visa introduzir o catecúmeno na vida da comunidade, promovendo a iniciação litúrgica e a opção por uma vivência inspirada na mensagem evangélica.
- Era um itinerário catequético de iniciação para adultos convertidos que pediam o Batismo.

1.4 CARACTERÍSTICAS DA CATEQUESE CATECUMENAL

Na catequese de inspiração catecumenal podemos destacar cinco características que contribuem para que "a fé possa ser sustentada em um permanente amadurecimento que se expressa em um estilo de vida que deve caracterizar a existência dos discípulos de Cristo" (DC, 1). Essas características são:

1. **A transmissão viva da revelação cristã** não se trata de um discurso doutrinal, antes é a interpretação da mensagem evangélica para que ela possa iluminar a vida e suscitar um novo comportamento. Por isso uma catequese centrada em Jesus Cristo.
2. **Os destinatários são adultos convertidos** que pedem para pertencer à comunidade. Por isso uma catequese voltada para adultos que podiam interagir e crescer na busca de razões para a própria fé. Nesse processo os catequistas assumem papel importante na transmissão da revelação e na interpretação da mensagem evangélica.
3. **É um itinerário sacramental** com um fim específico: preparar para a celebração dos sacramentos da iniciação na vigília pascal. Os catecúmenos se preparavam para celebrar o sacramento da iniciação, que marcava também o seu renascimento em uma vida nova e purificada.
4. **É um itinerário de aprendizagem marcado pela celebração de ritos de passagem,** que contribuíam com o processo de amadurecimento e inserção dos catecúmenos na vida litúrgica da comunidade.
5. **É um itinerário comunitário** no qual se estabelecia uma relação com a comunidade de batizados, responsáveis por anunciar o querigma e iniciar o catecúmeno em sua vida de fé.

É possível dizer ainda que a catequese catecumenal "tinha um tríplice sentido: era entendida como catequese dogmática, moral e ritual, correspondendo à preparação doutrinal, espiritual e litúrgica dos catecúmenos" (FLORISTÁN, 1995, p. 251). Tendo presente que os catecúmenos eram adultos, pode ser fácil compreender essas características; porém, quando pensamos na catequese com crianças, já temos algumas dificuldades. Mas vamos tentar destacar o essencial que deve ser adaptado conforme o interlocutor.

Podemos, ainda, falar de uma catequese querigmática, que consiste no primeiro momento em estabelecer contato com a mensagem cristã, do colocar-se diante do Evangelho. O objetivo nesse momento é motivar e permitir ao iniciante se sentir acolhido.

Um segundo momento é a catequese que antecede o batismo. Após o primeiro contato com o Evangelho, o desejo de tornar-se cristão se fortifica por isso, esse é o momento de explicar ao catecúmeno o Símbolo da Fé, tendo sempre como referência a Sagrada Escritura.

Pode-se, também, falar de uma catequese mistagógica, que acontece no pós-sacramento e é dedicada à compreensão do mistério celebrado. Os iniciados são chamados a aprofundar as experiências vivenciadas.

Em relação à metodologia pode-se destacar os seguintes aspectos: atenção à situação atual, favorecimento do diálogo, centralidade da Palavra de Deus, explicação do símbolo de fé, interação bíblico-litúrgica, atenção à realidade existencial do crente.

1.5 UM PERSONAGEM LITERÁRIO QUE TEM ALGO A NOS DIZER

Ao estudar a catequese catecumenal, uma história pode nos ajudar a compreender o processo de iniciação adotado pelas primeiras comunidades na formação de seus membros, esse é um personagem literário muito querido: Tistu, o menino do dedo verde![1]

Na história de Tistu vemos que ele, com a ajuda de um jardineiro, descobre seu grande dom: ele tem o polegar verde e onde ele o encosta brotam flores. Em um primeiro momento podemos pensar que o segredo está em Tistu, ele tem as sementes e as espalha. Porém o jardineiro ajuda Tistu a perceber que

> há sementes por toda parte [...] estão ali esperando que um vento as carregue para um jardim ou para um campo [...] muitas vezes elas morrem entre duas pedras, sem terem podido transformar-se em flor. Mas se um polegar verde encosta numa, esteja onde estiver, a flor brota no mesmo instante (DRUON, 2017, p. 41-42).

A história de Tistu nos ensina que o bem, o belo e o verdadeiro estão dentro de cada pessoa; e podemos ajudar a florescer, respeitando a "semente" de cada um. Não se trata de reproduzir modelos em série, antes é um processo individual, que busca atingir cada pessoa em seu íntimo e permitir que ela frutifique de acordo com suas capacidades.

Talvez você esteja se perguntando qual a relação da história de Tistu com o nosso estudo. Pois bem, percebemos que a catequese catecumenal, além de buscar formar cristãos, os que se apresentavam ao batismo, visava também moldar os iniciantes ao perfil de Cristo e, por que não dizer, manifestar externamente a beleza que se carregava dentro, isto é, empenhava-se no fortalecimento da decisão pessoal e da opção convicta por Jesus Cristo e sua mensagem de vida e salvação. Outro ponto que precisamos destacar é que a catequese era orientada e conduzida por catequistas convictos, com experiência de vivência da fé e de vida de comunidade. Homens e mulheres, "com o dedo verde", que se empenham em ajudar as sementes, escondidas no coração de tantos, a germinar, crescer e frutificar!

Agora nosso olhar precisa se voltar para a catequese em nossas comunidades e nos perguntar: o que caracteriza uma catequese de inspiração catecumenal? Vamos ao segundo capítulo para tentar responder!

---

1. DRUON, Maurice. *O menino do dedo verde*. 109. ed. Rio de Janeiro: José Olympio, 2017.

DICA DE ESTUDO E APROFUNDAMENTO

- Você pode estudar este capítulo individualmente ou com o grupo de catequistas. Se pensar no estudo de grupo pode-se escolher pela modalidade presencial ou virtual, marcando um dia e horário para que todos possam ler, comentar e partilhar o estudo do capítulo.
- Seria interessante se você buscasse ler o livro *O menino do dedo verde*, pois a história é muito emocionante e pode lhe ajudar a melhor compreender o movimento de fazer florescer a beleza interior.
- Um texto bíblico que pode lhe ajudar a refletir sobre as primeiras comunidades e sua missão é o Atos dos Apóstolos 2,42-47. Leia o texto e reflita:

    1. Como hoje perseveramos no ensinamento dos apóstolos?
    2. Nossa comunidade reza unida? Em quais momentos?
    3. O que a catequese catecumenal tem a ensinar para nossas comunidades hoje?

- Se desejar conhecer melhor o estilo catecumenal, leia as introduções do RICA. Também sugiro a coleção "Clássicos da Iniciação Cristã" da Editora Vozes. São livretos que nos ajudam a refletir sobre o conteúdo da catequese e a iniciação cristã nos primeiros séculos do cristianismo.

CAPÍTULO II

O QUE CARACTERIZA UMA CATEQUESE DE INSPIRAÇÃO CATECUMENAL

Ao pensar na catequese de inspiração catecumenal me vem à mente o diálogo de Alice, no país das maravilhas, com o Gato de Cheshire[2]:

" – Bichano de Cheshire – começou ela com certa timidez [...] – você poderia me dizer, por favor, que direção devo seguir a partir daqui?
– Depende muito de onde você quer chegar – respondeu o Gato.
– Não me importa muito... – afirmou Alice.
– Então, tampouco importa qual caminho você pegue – retrucou o Gato".

De acordo com a resposta do Gato, percebemos que é preciso saber onde se quer chegar para então escolher um caminho. Isso nos traz para a questão do objetivo na catequese. De fato, primeiro precisamos saber o que queremos para então encontrar os meios para alcançar nosso objetivo.

Sendo assim, podemos dizer que temos uma primeira resposta, pois nosso objetivo é o de iniciar nossos catequizandos na vida cristã, ou seja, queremos formar discípulos missionários de Jesus Cristo. Então precisamos escolher um caminho que nos conduza ao discipulado é à missão, por isso é justo dizer que iniciação à vida cristã é caminho para o discipulado.

Tem uma outra frase, agora de um filme, que nos ajudará a aprofundar a reflexão. No primeiro filme de Matrix[3], quando o personagem Neo ainda está em dúvida sobre ser ele o escolhido, Morpheu[4] lhe diz que "existe uma diferença entre CONHECER o caminho e TRILHAR o caminho". Isso nos ajuda a perceber a necessidade de unir conhecimento

---

2. CARROLL, Lewis. *Alice no país das maravilhas*. Jandira/SP: Ciranda Cultural, p. 53.
3. Filme exibido no ano de 1999.
4. Um personagem do filme e que se apresenta como uma espécie de mentor para o personagem principal da trama.

e experiência em qualquer ação, inclusive na catequese, tendo em vista que precisamos integrar o conhecimento de fé com a experiência de fé, pois a catequese "sem experiência de fé estaria privada de um verdadeiro encontro com Deus e com os irmãos; sem aprofundamento, estaria impossibilitado o amadurecimento da fé" (DC, n. 80).

Ao falar de inspiração catecumenal estamos pensando em uma dimensão mais ampla de conhecimento: trata-se de um itinerário que conduza o catequizando ao encontro pessoal com Jesus Cristo, em que ele conheça o caminho e aceite percorrê-lo para fazer sua própria experiência de discípulo missionário. Ora, se a catequese é um caminho para o discipulado, quem se coloca a serviço da catequese precisa trilhar esse caminho, não se trata de apenas conhecer metodologias e conteúdo, é preciso trilhar o caminho do discipulado, colocar-se à caminho atrás do Mestre de Nazaré e partilhar sua missão.

É preciso compreender o discipulado como seguimento de Jesus, como caminho, como assumir a prática de Jesus que é anunciar o Reino de Deus. Não se trata de uma experiência meramente pessoal, e que deve ficar guardada apenas para a pessoa que a fez, é preciso que se tenha consciência da dimensão comunitária do discipulado, pois o seguimento se dá em uma comunidade e com a comunidade. Como diz Gustavo Gutiérrez (1998), o verbo seguir é utilizado nos evangelhos para indicar o movimento do discípulo que se coloca atrás do Mestre e implica duas atitudes: aceitação obediente ao chamado e a criatividade exigida pelo novo caminho. É importante destacar ainda que o primeiro passo do permanecer com Cristo é aceitar, na fé, as consequências do seguimento que nos são apresentados em Marcos 8,34-38. Porém a aceitação que está na base da experiência discipular não diz respeito apenas às condições que resguardam o discípulo, refere-se, também, às práticas de Jesus. Nesse caso podemos citar o texto de Mateus 11,2-6: as obras de Jesus se direcionam a devolver vida e dignidade aos que se sentem excluídos.

Se conhecemos a resposta para a pergunta: onde queremos chegar com a catequese? Podemos pensar em qual caminho escolher para trilhar e o caminho será o de uma catequese de inspiração catecumenal.

2.1 POR UMA CATEQUESE DE INSPIRAÇÃO CATECUMENAL

No primeiro capítulo destacamos os elementos principais da catequese catecumenal, aqui vamos apenas relembrar: é uma transmissão viva da revelação cristã; os destinatários são adultos convertidos; os catecúmenos se preparam para os sacramentos da iniciação cristã; o itinerário de aprendizagem era marcado pela celebração de ritos de passagem; é um itinerário comunitário. Com a ajuda do Diretório para Catequese (DC, n. 64), podemos elencar mais alguns elementos importantes do catecumenato e ampliar nossa reflexão para perceber as características de um itinerário catequético de inspiração catecumenal. Vamos aprofundar a reflexão?

a. O caráter pascal

Refere-se à centralidade da revelação cristã, ou seja, do anúncio do mistério da paixão, morte e ressurreição de Cristo. É preciso comunicar a mensagem do Evangelho de maneira compreensiva, que possa alcançar o catequizando em sua realidade existencial, colocando-o em relação com o Senhor e ajudá-lo a "reler e viver os momentos mais intensos de sua via como passagens pascais" (DC, n. 64a).

Tendo presente esse aspecto, podemos dizer que uma característica da catequese de inspiração catecumenal é ser cristocêntrica e, por isso, querigmática, isto é, a catequese nos ajuda a "crer em Jesus Cristo, que, com sua morte e ressurreição, nos revela e comunica a misericórdia infinita do Pai" (EG, n. 163). O anúncio de Cristo deve perpassar todo o itinerário catequético e ser progressivo, assim como o catequizando progride em seu caminho de amadurecimento.

Se o caráter pascal é tão importante na catequese de inspiração catecumenal é certo dizer que o querigma, enquanto anúncio pascal por excelência, ocupa lugar central e esse anúncio deve se revestir de certas características próprias (EG, n. 165), são elas: explicitar que Deus nos salva por amor, antes de exigir uma conduta moral; não se trata de impor verdades e sim de estabelecer um diálogo que valorize a liberdade; se trata de um anúncio alegre e estimulante; não pode ser reduzido a uma doutrina, ou à partes da mensagem, o anúncio requer respeito à integridade do mistério pascal.

b. O caráter iniciático

Pensar a catequese como um itinerário iniciático é reconhecer a necessidade de levar nossos catequizandos "à descoberta do mistério de Cristo e da Igreja" (DC, n. 64b). Para isso faz-se necessário pensar em todas as dimensões da fé professada, celebrada, vivida e rezada), ou seja, a catequese é chamada a ajudar "cada um a iniciar, na comunidade, sua jornada pessoal de resposta a Deus que o buscou" (DC, n. 64b).

Já falamos sobre a importância do querigma e a centralidade do anúncio de Cristo, pois bem, uma catequese de inspiração catecumenal é chamada a iniciar o catequizando nos mistérios da paixão, morte e ressurreição, na certeza de que encontrará "resposta ao anseio de infinito que existe em todo coração humano" (EG, n. 166).

Vamos relembrar o número quatorze do decreto *Ad Gentes*, já citado no primeiro capítulo, e que nos ajudará a compreender um pouco melhor sobre o caráter iniciático: "sejam os catecúmenos convenientemente iniciados no mistério da salvação, na prática dos costumes evangélicos, e com ritos sagrados, a celebrar em tempos sucessivos, sejam introduzidos na vida da fé, da liturgia e da caridade do Povo de Deus" (AG, n.14).

Vale dizer, novamente, que a catequese catecumenal era pensada para o adulto convertido, que pedia o batismo e desejava participar da comunidade. Embora a catequese com adultos seja uma realidade muito forte em nossas comunidades, a prática mais comum é a catequese com crianças e adolescentes, em sua maioria já batizados e levados para a catequese por familiares que têm dificuldade de entender o real sentido do itinerário catequético.

Quando falamos do caráter iniciático da catequese precisamos ter presente a realidade de muitos catequizandos que não encontram, em suas famílias, espaço de catequese e transmissão da fé. Sendo assim, o desafio aumenta, pois é preciso iniciar também as famílias na fé, por meio de uma catequese que as ajude a fazer um caminho de crescimento. Vamos trabalhar melhor essa dimensão da família na catequese no quarto capítulo; por ora basta dizer que a catequese com as famílias "trata-se de uma educação cristã mais testemunhada do que ensinada, mais ocasional do que sistemática, mais permanente e cotidiana do que estruturada em períodos" (DC, n. 227).

c. O caráter litúrgico, ritual e simbólico

Aqui entramos no campo da mistagogia. Porém, não devemos restringir nossa reflexão a um tempo do itinerário catecumenal e que era realizado após a celebração dos sacramentos da iniciação. É preciso compreender a mistagogia para além de um tempo no itinerário catequético e reconhecê-la como uma dimensão que acompanha todo o processo de iniciação.

Bem sabemos que, por definição, "mistagogia é o método e o instrumento que a Igreja antiga nos entrega para fazer com que os fiéis vivam daquilo que celebram" (BOSELLI, 2014, p.12). Podemos acrescentar que a mistagogia é, também, "explicação oral ou escrita do mistério escondido na Escritura e celebrado na liturgia" (BOSELLI, 2014, p.12).

Talvez seria interessante para nós, catequistas, se perguntássemos aos nossos catequizandos, parafraseando Filipe quando encontra o Etíope (At 8,26-40): será que entendes o que celebras? Pode ser que eles nos respondam: "como é que vou entender se ninguém me orienta?" (At 8,31). Essa passagem pode nos ajudar a compreender a importância da mistagogia em todo o itinerário catequético.

Outro exemplo bíblico para compreender a mistagogia enquanto método de explicação, leitura e compreensão da liturgia, está no Livro do Êxodo. Quando se narra a ceia pascal dos judeus, encontramos uma pergunta: "que significa esse rito?" (Ex 12,26). Nessa passagem temos um exemplo de catequese mistagógica, ou seja, a explicação do rito celebrado. Mas atenção: quando se fala de explicação não se pensa em um ato mecânico que conduza a uma compreensão meramente intelectual (BOSELLI, 2014), antes se trata de ajudar o catequizando a apropriar-se do significado das palavras, dos símbolos, dos gestos e dos ritos, por meio de uma vivência profunda do que está celebrando.

Se compreendemos mistagogia como um método, então podemos dizer que ela deve perpassar todo o itinerário catequético por meio de uma "renovada valorização dos sinais litúrgicos" (EG, n. 166). Quando nos encontramos com Jesus, encontramos a salvação. Um dos modos privilegiados deste encontro é a liturgia como celebração do Mistério Pascal e atualização deste em nossa vida pessoal e comunitária. Disso decorre a necessidade da iniciação à vida litúrgica como caminho para viver o mistério celebrado.

A liturgia católica é rica em todas as suas dimensões, por isso é necessário resgatar a participação ativa e consciente de cada um e da comunidade como um todo. É missão da catequese, enquanto espaço de explicitação da fé, conscientizar da importância da participação litúrgica e da celebração dos sacramentos. Não podemos esquecer que "a vida sacramental se empobrece e bem depressa se torna um ritualismo oco, se ela não estiver fundada num conhecimento sério do que significam os sacramentos. E a catequese intelectualiza-se, se não for haurir vida numa prática sacramental" (CT, n. 23).

A riqueza da liturgia católica, "com seu conjunto de sinais, palavras, ritos, em seus diversos significados, requer da catequese uma iniciação gradativa e perseverante para ser compreendida e vivenciada" (DNC, n. 120). Os símbolos, gestos e ritos litúrgicos são instrumentos que nos levam a aprofundar o convívio com o Senhor e mergulhar no mistério de sua Vida, Paixão, Morte e Ressurreição.

O método mistagógico busca favorecer a compreensão do significado de ritos, gestos e ações simbólicas para que sejam apreendidos e interiorizados por quem os celebra. A explicitação visa, acima de tudo, resgatar o sentido espiritual daquele gesto e ligar o que se celebra ao que se vive. Porém não se pode esquecer que a celebração fala por si, por isso se faz necessário celebrações bem preparadas para que a comunidade faça experiência do mistério pascal celebrado na liturgia.

Talvez você possa se perguntar: como deve ser uma catequese mistagógica? Escutemos o que nos diz o Diretório para a Catequese: ela deve inserir "o fiel na experiência viva da comunidade cristã, verdadeiro lugar da vida de fé. Essa experiência formativa é progressiva e dinâmica; rica em sinais e linguagens; favorável à integração de todas as dimensões da pessoa" (DC, n. 2).

d. O caráter comunitário

Ao falar da identidade da catequese, o novo Diretório a apresenta como "um ato de natureza eclesial" (DC, n. 55). Isso significa que a comunidade eclesial, enquanto assembleia de batizados, é responsável pela catequese, dito de outro modo, "a catequese conduz a comunidade e a comunidade é quem catequiza" (NETWING, 2018, p. 90).

Atualmente constatamos que nossas comunidades nem sempre têm conseguido formar discípulos missionários. Percebe-se pouca experiência de vida comunitária, devido ao fechamento das pessoas em seus pequenos mundos, à falta de disponibilidade para ir ao encontro dos outros, especialmente os que se encontram nas periferias e à busca por uma religiosidade difusa e de consumo. Muitas de nossas comunidades cristãs perderam o senso de pertença e sua consciência missionária. Nestes casos, a comunidade se confunde com o desenvolvimento de algumas atividades, que não geram discipulado, comunhão e missionariedade.

Quem está fora da comunidade e se coloca no caminho da iniciação à vida cristã precisa sentir-se acolhido e descobrir nela o exemplo concreto do tipo de vida com o qual quer se comprometer. Pensar a característica comunitária, como elemento da inspiração catecumenal, nos permite dois olhares: um direcionado para os objetivos do itinerário catequético e outro voltado para a comunidade eclesial na qual a catequese acontece.

Quanto aos objetivos do itinerário catequético, podemos dizer que estão associados à compreensão de um processo de educação à vida em comunidade. Por sua vez, quanto à comunidade eclesial compreende-se que é o lugar em que a ação catequética acontece e, concomitantemente, orienta os iniciados. Nesta perspectiva é possível apontar alguns objetivos concretos para o itinerário catequético de caráter comunitário:

- Desenvolver um senso de pertencimento eclesial.
- Educar ao sentido de comunhão.
- Formar ao sentido de corresponsabilidade.

É possível, ainda, dizer uma palavra sobre a visão de comunidade que queremos, ou que somos chamados a formar. Para nos ajudar vamos dialogar com a exortação *Evangelii Gaudium*, do Papa Francisco. O número 24 da *Evangelii* nos fala de uma Igreja em saída e da necessidade de pensarmos a comunidade como evangelizadora. Por isso é necessários que a comunidade seja capaz de tomar a iniciativa, de envolver-se com a realidade concreta das pessoas, de acompanhar os processos importantes, de não duvidar da força frutificadora da mensagem que carrega e de saber festejar as pequenas conquistas no processo de evangelização.

e. O caráter de conversão permanente e de testemunho

O itinerário catequético se torna espaço de conversão quando oferece aos interlocutores os meios para que façam sua opção fundamental por Cristo. De fato, no "início do ser cristão, não há uma decisão ética ou uma grande ideia, mas o encontro com um acontecimento com uma Pessoa que dá à vida um novo horizonte e, dessa forma, o rumo decisivo" (*Deus Caritas Est,* n.1).

O caráter de conversão e testemunho tem relação com o processo de iniciar, visto que iniciar é ser conduzido a um novo modo de vida, que marca uma ruptura e uma passagem para um novo modo de viver. Podemos dizer que um itinerário catecumenal precisa conduzir os iniciados a um modo de vida que marca uma nova consciência e estabeleça uma conduta pautada pelos valores do Evangelho, de modo especial pelas bem-aventuranças, por isso que é "oportuno indicar sempre o bem desejável, a proposta de vida, de maturidade, de realização, de fecundidade, sob cuja luz se pode entender a nossa denúncia dos males que a podem obscurecer" (*EG*, n. 168). A catequese, portanto, não é espaço de condenação, mas de descoberta da vontade de Deus na vida de cada pessoa. No entanto, é bom destacar que não se trata de uma mudança mágica, pois o processo de conversão para o cristão leva a vida toda.

O itinerário catequético deve se tornar espaço para que se aprenda a integrar fé e vida, crença e prática, a equilibrar a vida espiritual e atitudes condizentes com a prática do Evangelho, afinal "nem todo aquele que me diz Senhor, Senhor, entrará no Reino dos Céus, mas quem fizer a vontade do meu Pai" (Mt 7,21).

É no catecumenato que o iniciante entra em um progressivo processo de revisão da própria vida. Esse processo ajudará a fazer experiência do amor de Deus e ao próximo. Por isso que o itinerário catequético deverá ajudar a compreender que "se na minha vida negligencio completamente a atenção ao outro, importando-me apenas com ser piedoso e cumprir os meus deveres religiosos, então definha também a relação com Deus [...]. Só o serviço ao próximo é que abre os meus olhos para aquilo que Deus faz por mim e para o modo como ele me ama" (*Deus Caritas Est,* n.18).

2.2 O CARÁTER DA PROGRESSIVIDADE DA EXPERIÊNCIA FORMATIVA

Ao pensar o caráter da progressividade, podemos citar uma máxima paulina: "quando era criança, falava como criança, raciocinava como criança; mas quando me tornei homem, abandonei as coisas de criança" (1Cor 13,11). Essa frase de Paulo nos ajuda a compreender que o crescimento é uma realidade dinâmica, por isso é importante pensar em um itinerário estruturado em períodos e que respeite o caráter evolutivo da pessoa; por isso a catequese é chamada não só a acompanhar, mais principalmente a respeitar os tempos reais de amadurecimento de cada um.

É importante compreender o caráter progressivo da formação cristã, ter cuidado para pensar a formação permanente; não se trata de mera reprodução, antes, faz-se necessário adaptá-los de maneira criativa e adequada. Não podemos esquecer a necessidade de flexibilização para se adequar às reais necessidades e às situações concretas em que catequista e catequizandos estão inseridos.

Não podemos esquecer que se trata de um itinerário pedagógico, que deve ser gradual e vivencial inserido na comunidade eclesial e que conduz ao encontro pessoal com Jesus Cristo. E como se dará esse encontro? A resposta vem até nós pelo próprio Diretório: "por meio da Palavra de Deus, da ação litúrgica e da caridade, integrando todas as dimensões da pessoa, para que ele cresça na mentalidade da fé e seja testemunha de vida nova no mundo" (DC, n. 65).

Vamos reunir os pensamentos!

Aprofundamos as características da inspiração catecumenal e percebemos que elas vão além de organizar um itinerário em tempos e etapas. Podemos, em uma tentativa de síntese, dizer que uma catequese de inspiração catecumenal deve ser:

- **Bíblica**, tendo a centralidade no mistério pascal e no anúncio querigmático.
- **Iniciática**, como caminho de iniciação em todas as dimensões da fé cristã.
- **Mistagógica**, pois resgata a simbologia e torna a riqueza litúrgica de nossa fé acessível aos catequizandos.
- **Comunitária**, visto ser o catecumenato um processo que se realiza em uma comunidade.
- **Promove a conversão** ao ajudar cada pessoa a descobrir a vontade de Deus em sua vida e testemunhar uma vida nova.
- **É gradual**, como é gradual o crescimento e amadurecimento de cada pessoa.

A catequese de inspiração catecumenal necessita de uma mudança na forma de compreender a Igreja. Não podemos mais pensar em uma ação de manutenção, antes é preciso pensar a iniciação e a missão. Por isso uma imagem que precisamos relacionar aqui é a da Igreja em saída, que o Papa Francisco nos apresenta na *Evangelii Gaudium*. Os verbos escolhidos pelo Papa para definir o perfil da Igreja em saída nos permitem pensar as características da inspiração catecumenal como um movimento de catequese em saída. Veja no quadro a seguir:

IGREJA EM SAÍDA (*EG*, 24)	CATEQUESE DE INSPIRAÇÃO CATECUMENAL
Envolver: aproximar-se, diminuir distâncias	**Bíblica**: pelo anúncio querigmático promove a acolhida e busca aproximar-se dos catequizandos e de suas famílias.
Acompanhar: estar perto em todos os processos, também de crescimento na fé.	**Iniciática**: por meio de um itinerário catequético pautado pelos principais conteúdos da fé acompanha e favorece o amadurecimento da fé respeitando a **gradualidade** do crescimento humano.
Frutificar: a Palavra acolhida de maneira libertadora e renovada.	Ao **promover a conversão**, a catequese de inspiração catecumenal ajuda a identificar as sementes do verbo em cada coração e fortalece a vivência cristã, como adesão de vida.
Festejar: a celebração de cada pequena vitória na liturgia.	A dimensão **mistagógica** a fazer experiência do mistério em nosso dia a dia, reconhecendo a beleza dos símbolos e ritos.

DICA DE ESTUDO E APROFUNDAMENTO

- Você pode estudar esse capítulo individualmente ou com o grupo de catequistas. Se pensar no estudo de grupo, pode-se escolher pela modalidade presencial ou virtual, marcando um dia e horário para que todos possam ler, comentar e partilhar o estudo do capítulo.
- Este capítulo traz várias informações. Para comentar as características da inspiração catecumenal seguimos o Diretório para a Catequese, publicado em 2020, nos números 64 e 65. Que tal ler no próprio Diretório esses números e registrar, em um caderno, o que você entendeu?
- Ao final do capítulo apresentamos um quadro em que associamos a perspectiva do Papa Francisco para uma Igreja em saída com a catequese de inspiração catecumenal. Como essa relação se concretiza em sua comunidade? Será que podemos acrescentar mais atitudes que nos impulsionam para sair? Se sim, quais?
- Um texto que nos ajuda a refletir a importância da catequese de inspiração catecumenal é Atos dos Apóstolos 8,26-40. Que tal meditar esse texto e compará-lo com sua prática catequética? Como podemos ajudar os que ouvem a Palavra, mas muitas vezes não conseguem entendê-la?
- Registre seu estudo e partilhe com o grupo de catequistas.

CAPÍTULO III

COMO SER CATEQUISTA NA PROPOSTA DA INSPIRAÇÃO CATECUMENAL?

Ao refletirmos sobre as características da inspiração catecumenal, surge a necessidade de refletir sobre o perfil do catequista. A partir dessa reflexão pode surgir uma pergunta: qual perfil é o ideal para o catequista na catequese de inspiração catecumenal?

Bem sabemos que o catequista é alguém que recebe o chamado de Deus que, acolhido na fé, o capacita ao serviço da catequese, de iniciar à vida cristã. De modo geral, essa resposta é a mais indicada, porém seria interessante aprofundar um pouco mais, por isso convido o leitor para olhar mais de perto duas histórias que nos ajudarão a compreender as limitações de um perfil de catequista fixo a um padrão que não se renova e a possibilidade de ir além e pensar uma relação entre catequista e catequizandos de inspiração catecumenal.

3.1 O MANOBREIRO DE TRILHOS E O VENDEDOR DE PÍLULAS DE ÁGUA: PERFIS LIMITADOS À MANUTENÇÃO[5]

No livro *O pequeno príncipe* acompanhamos o encontro do principezinho com dois personagens: o manobreiro de trilhos e o vendedor de pílulas de água. O primeiro personagem, manobreiro dos trilhos do trem, tem a função de organizar o itinerário dos trens, não é motorista, nem cobrador, sua função é cuidar para que os trilhos conduzam os trens na direção certa, para evitar a colisão. É uma tarefa importante, porém em sua conversa com o principezinho, percebemos que ele se limita à sua função que é cuidar para que os trens não se choquem. Para isso ele desvia os trilhos conforme a direção dos trens, basta-lhe saber se vão para a direita ou para a esquerda, se chegam ou se partem.

---

5. SAINT-EXUPÉRY, Antoine de. *O pequeno príncipe*: com as aquarelas do autor/Antoine de Saint- Exupéry; tradução de Rodrigo Tadeu Gonçalvez. Petrópolis: Vozes, 2015, p. 73-75.

O segundo personagem é o vendedor de pílulas de água, e, de acordo com sua opinião, as pílulas que vende foram aperfeiçoadas para saciar a sede e seu uso contínuo economiza tempo. Como é seu costume, o pequeno príncipe questiona o vendedor, mas não consegue mais informações, pois o vendedor precisa vender e tem pressa.

Pois bem, esses dois personagens nos ajudam a perceber algumas limitações que precisam ser superadas.

No caso do manobreiro, percebemos que ele, embora realize com perfeição seu trabalho, não vai além de organizar a direção; sabe para onde os trens vão, porém seu conhecimento se restringe apenas ao que é necessário para bem realizar sua tarefa.

O manobreiro nos passa a mensagem de um conhecimento restrito e voltado apenas para uma função prática. Podemos compará-lo com o catequista que se torna especialista apenas em sua etapa e não contempla o todo do itinerário, que não se pergunta o que existe para além da sala de catequese, ou para além do encontro que desenvolve.

Já o vendedor de pílulas de água, nos recorda aquele catequista que oferece atalhos fáceis, ao invés de apontar o caminho completo. É a dificuldade de buscar na fonte a água limpa que pode nos saciar. No caso da catequese esse personagem nos lembra uma formação reduzida, que não desce à essência, mas busca vias fáceis e rápidas; ou seja, itinerários curtos, rápidos, que entreguem os conteúdos sem envolvimentos demasiados. Aqui o catequista se preocupa apenas com um resultado imediato e a curto prazo.

Tanto o manobreiro como o vendedor nos falam de perfis limitados; são modelos que precisam ser superados. Não é para jogar fora as habilidades de cada um, mas precisamos ir além e nos perguntarmos: Como deveria ser um catequista para a catequese de inspiração catecumenal? A história de Pedro e Cornélio, no capítulo 10 do Livro dos Atos dos Apóstolos, pode nos ajudar a responder essa pergunta. Vamos aprender com eles?

3.2 APRENDENDO COM PEDRO E CORNÉLIO

Convidamos você para acompanhar a história da conversão de Cornélio e, por que não dizer, a conversão de Pedro. Vários pontos nessa história nos ajudam a compreender o perfil do catequista na catequese de inspiração catecumenal. Para isso convidamos vocês a lerem o capítulo 10 do Livro dos Atos dos Apóstolos e, na sequência, refletiremos os aspectos que nos ajudam a desenhar um perfil de catequista. Vamos lá?

a. Cornélio: um homem de fé (At 10,1-8)

A primeira parte de nosso estudo nos apresenta Cornélio:

- Pagão, isto é, não pertencente à fé judaica.
- Temente a Deus. Significa que Cornélio "aceitava a lei judaica, embora não se tornasse membro pleno da comunidade judaica" (MACKENZIE, p. 172).

- Era um homem bom, dava esmolas.
- Oficial romano, por isso funcionário do Império.
- Homem de oração, procura ouvir a voz de Deus.
- Quando tem a visão, não questiona e realiza o que o anjo lhe disse.

Cornélio representa todos aqueles que buscam a Deus, independente da religião ou nação. Podemos dizer que Cornélio representa nossos catequizandos e suas famílias.

b. Pedro: necessidade de conversão (At 10,9-23)

Pedro nos é conhecido, então vamos ressaltar aqui algumas reticências que ele precisa vencer para realizar sua missão.

Vemos que Pedro está rezando, tem uma visão e não a entende. A visão alude a animais impuros; e Pedro, como bom judeu, se orgulha de nunca ter transgredido o preceito de não comer carne de animal impuro; no entanto, é advertido a não desprezar a criação divina.

Importante lembrar que os pagãos eram considerados, pelos judeus, como impuros. Ao afirmar que não come carne impura, Pedro se apresenta como um judeu irrepreensível, que não se mistura com pagãos. No versículo 20 lemos que Pedro recebe uma ordem do Senhor, mas ainda não está seguro sobre o que fazer.

Pedro representa o catequista e o processo pelo qual ele passa nos ajuda a perceber que é preciso rever ideias e atitudes para acolher quem se dispõe a ouvir o Evangelho.

c. Casa de Simão (Jope): a comunidade que se abre para o diferente

Pedro está hospedado na casa de um amigo; isso significa que era uma família cristã. Por isso podemos ver na casa de Simão o símbolo de uma comunidade que recebe uma missão: enviar alguém para catequizar um outro. Alguém que manifesta interesse pela mensagem do Evangelho.

No versículo 23 percebemos que Pedro acolhe os mensageiros que o procuram, uma comunidade aberta à Palavra sabe acolher. Porém é preciso sair, colocar-se a caminho.

Na comunidade de Jope encontramos a representação de uma comunidade catequizadora que sai de si para encontrar quem precisa escutar o Evangelho.

d. Casa de Cornélio: espaço do anúncio (At 10,23b-33)

Ao chegar na casa de Cornélio, Pedro encontra uma pequena comunidade reunida, pois o centurião havia "convidado os parentes e amigos íntimos" (At 10,24). Temos aqui um símbolo dos espaços que somos chamados a alcançar – são muitos e exigem uma abertura sincera. Não podemos esquecer que o mesmo Espírito que nos envia, já está no coração dos homens e mulheres para os quais somos enviados.

e. Pregação de Pedro e a vinda do Espírito Santo: é Deus quem escolhe o momento de agir e o como agir (At 10,34-48)

Pedro, o catequista, encontra Cornélio, o catequizando. A pregação de Pedro é um exemplo do querigma, vamos reler essa parte do capítulo 10?

O querigma pode ser dividido da seguinte maneira:

- Anúncio da Pessoa de Jesus (At 10,35-38a).
- Resumo da atividade de Jesus (At 10,38b-39a).
- Anúncio da morte de Jesus (At 10,39b).
- Proclamação da ressurreição (At 10,40).
- Envio dos discípulos em missão e a dimensão salvífica da fé em Cristo (At 10,42-43).

Percebemos que o Espírito Santo se antecipa e confirma aqueles que têm o coração aberto. De fato "Pedro ainda estava falando quando o Espírito Santo desceu sobre todos os que escutavam a Palavra" (At 10,44). A iniciativa divina nos mostra que o convite para estar na intimidade com o Senhor é destinado a todos, pois é Ele quem escolhe a quem deseja se revelar.

A casa de Cornélio passa de espaço desconhecido para espaço celebrativo, pois todos que ali estavam receberam o batismo (At 10,48). Tornou-se comunidade de irmãos, reunidos por uma mesma fé e um mesmo Espírito. É possível perceber ainda que Pedro permanece alguns dias na casa de Cornélio e tal permanência nos apresenta dois significados: o primeiro é que a resistência de Pedro foi vencida, já não são mais estranhos, agora são irmãos que partilham a fé e a vida; o segundo é que o fato de Pedro permanecer nos lembra a necessidade de acompanhar os iniciados na fé e na vida cristã.

Podemos sintetizar nosso estudo de Atos dos Apóstolos 10 com a seguinte relação:

3.3 O PERFIL DO CATEQUISTA DE INSPIRAÇÃO CATECUMENAL

Nosso olhar se volta para Pedro que se apresenta como nosso catequista modelo. Em At 10,9b, encontramos Pedro em oração. O catequista é chamado a cultivar sua vida de oração e sua relação íntima com Jesus Cristo. De fato, o catequista como servo do Espírito Santo, se apresenta "como testemunha de fé e guardião da memória de Deus" (DC, n.113a).

Importante notar que Pedro não é isento de limitações e reticências; mesmo estando em oração ele não compreende de imediato o que o Senhor quer lhe dizer. Coloca-se a refletir sobre o possível significado e, apenas quando ele encontra Cornélio, o sentido completo é alcançado (At 10,17.28.34).

Assim como Pedro, o catequista é chamado a meditar e buscar entender os desígnios de Deus para sua vida, e esse é um processo que o acompanha por toda a vida. Não esqueça que, "reconhecendo suas fragilidades diante da misericórdia de Deus, não deixa de ser sinal de esperança para seus irmãos e irmãs" (DC, n. 113a). O fato de não entender de imediato a mensagem que recebia pela visão, não diminui a grandeza e importância de Pedro. Ele também está em processo de conversão.

Outro ponto que Pedro nos ajuda a compreender é que o catequista, na catequese de inspiração catecumenal, tem a dupla missão de apresentar o conteúdo da fé e de conduzir ao mistério da mesma fé. Pedro proclama o querigma (At 10,34-43) e conduz os que o escutam a uma intensa experiência de fé que culmina com o batismo.

A experiência na casa de Cornélio nos chama a atenção para algo muito importante: o protagonismo divino. O Espírito Santo se manifesta quando lhe aprouver, não espera protocolos, ou ritos humanos. Se houver abertura de coração e disposição para ouvir, Ele fará sua morada no coração humano.

É possível dizer ainda que o catequista é chamado a ser "acompanhador e educador daqueles que lhes foram confiados pela Igreja [...] é um especialista da arte de acompanhar [...] especialista em humanidade" (DC, n. 113c). Essas características apresentadas pelo Diretório podem assustar, porém Pedro nos ajuda a melhor compreender.

Quando aceita ir até Cornélio (At 10,24), Pedro sai da sua zona de conforto e se dispõe a acompanhar aquele que deseja ouvir o Evangelho. Ao nos determos sobre o sentido de acompanhar, ressoa as palavras do Papa Francisco: "acompanhar a humanidade em todos os seus processos, por mais duros e demorados que sejam" (*EG*, n. 24).

No caso dos dois personagens da história do pequeno príncipe (apresentados do ponto 3.1 deste capítulo), o acompanhamento não é considerado, pois o perfil limitado mostra especialistas de conteúdo, de saber. Não mestres de vida e sabedoria. Acompanhar exige ir além do encontro de catequese, exige envolvimento.

Quanto ao catequista, podemos dizer que o catequista se torna especialista em humanidade quando dedica tempo à oração, ao estudo e ao conhecimento da realidade de seus catequizandos e de seus contextos familiares.

O catequista é desafiado, também, a colocar-se em constante processo de autoconhecimento, para ser capaz de identificar seus temores e limitações. Somente assim conseguirá fazer como Pedro: aceitar a missão e colocar-se em saída. Para isso é preciso aceitar trabalhar seus medos e preconceitos para conseguir acolher e iluminar a vida com o Evangelho de Jesus.

Por isso é importante pensar a formação de ser catequista como um itinerário de formação humana, de cuidado e de acompanhamento, em que é preciso fazer a experiência de primeiro conhecer-se, acolher-se e acompanhar-se para conhecer, acolher e acompanhar seus catequizandos.

DICA DE ESTUDO E APROFUNDAMENTO

- Você pode estudar este capítulo individualmente ou com o grupo de catequistas. Se pensar no estudo de grupo, pode-se escolher pela modalidade presencial ou virtual, marcando um dia e horário para que todos possam ler, comentar e partilhar o estudo do capítulo.
- Retome a história do manobreiro de trilhos e do vendedor de pílulas. Faça uma lista comparativa das limitações que você identifica nos catequistas e que precisa ser trabalhado.
- Faça uma leitura do texto de Cornélio e, depois, registre as suas respostas às seguintes questões:

I Parte: At 10,1-8: Cornélio
1. Quantos "Cornélios" existem em sua comunidade?
2. Quem são, hoje, os "Cornélios" aos quais Deus se manifesta?

II PARTE: At 10,9-23: Pedro
1. Quantas vezes também ficamos sem entender quando recebemos uma missão?
2. Qual nossa maior dificuldade para compreender a missão que recebemos do Senhor?

III Parte: At 10,23b-33: Pedro na casa de Cornélio
Aqui a reflexão se concentra nos versículos 28 e 29: é o Senhor quem envia a quem Ele deseja que a mensagem chegue.
1. A quem nos sentimos enviados hoje?
2. Quais "casas" precisamos visitar?

IV Parte: At 10,34-43: Pregação de Pedro
1. Como anda a dimensão querigmática da sua missão?
2. Em quais lugares temos mais dificuldade em anunciar?
3. Quem mais precisa do anúncio de Cristo?

- Após a reflexão do texto, escreva um relato do que você refletiu. Pode ser uma carta para algum personagem que você encontrou neste capítulo, ou uma oração suscitada em seu coração. Se sentir-se à vontade pode partilhar com algum amigo ou amiga.

CAPÍTULO IV

O CATEQUISTA E SEUS INTERLOCUTORES

No terceiro capítulo nós refletimos sobre o perfil do catequista para a catequese de inspiração catecumenal, agora vamos olhar para a formação do catequista em relação aos seus interlocutores.

A preocupação com a formação dos catequistas é real e sempre necessária. No entanto, precisamos direcionar nossa atenção para um projeto formativo continuado que ajude o catequista a desenvolver algumas habilidades que lhe ajude na catequese.

Vamos imaginar a seguinte situação: você descobre que precisa fazer uma cirurgia urgente para retirar o apêndice, no caminho para a sala de cirurgia descobre que a pessoa que vai lhe operar não tem formação na área, não é médica, mas seguirá o manual "como operar um apêndice". Se você conseguiu imaginar tal situação, deve ter pensado que isso é loucura, de fato é uma loucura e não deve acontecer. No entanto, tal loucura nos faz pensar em quantas vezes não se confia apenas em um manual de catequese como certificado de que o catequista esteja preparado. Escolhe-se a "turma", prepara-se o material e o catequista é "enviado" e exortado a confiar na ação do Espírito Santo.

Não duvidamos da graça, mas acreditamos na necessidade de formação e preparo. Inclusive o Diretório para a Catequese afirma que

> a formação dos catequistas exige uma atenção particular, pois a qualidade das propostas pastorais está necessariamente ligada às pessoas que as colocam em prática [...] é indispensável que as Igrejas particulares dediquem energias e recursos adequados à formação dos catequistas (DC, n. 130).

Muito se fala e escreve sobre a formação, mas podemos nos perguntar: sobre o que estamos falando quando o assunto é formação? É preciso entender a formação como um processo permanente que ajude o batizado a revelar sua identidade de filho de Deus em comunhão com os irmãos. Não podemos esquecer que a formação não se reduz à instrução moral, repasse de conteúdo, atualização didática e pastoral.

Precisamos pensar em um itinerário formativo que ajude os catequistas a se conscientizarem de que são discípulos missionários, enviados com uma missão: acompanhar e educar na fé. Por isso é importante favorecer momentos de espiritualidade que desperte a necessidade do encontro fraterno, o compromisso social e o encantamento pela missão.

Além de pensar a formação como itinerário permanente e integral, é preciso que ela seja marcada por um estilo que ajude o catequista a perceber sua missão enquanto responsável por acompanhar a caminhada de fé daqueles que lhe foram confiados. De maneira geral, a formação visa ajudar o catequista a desenvolver um estilo e uma sensibilidade própria que o abrirá para acolher os catequizandos em suas realidades, compreendendo-os como sujeitos em formação.

É comum repetirmos que as dimensões da formação do catequista são: o Ser – dimensão existencial, vocacional e espiritual; o Saber – conteúdos, preparo intelectual, conhecimento das realidades, aprofundamento sobre os principais documentos da catequese; o Saber Fazer – prática e metodologia catequética. Um itinerário de formação inspirado na catequese catecumenal integra todas as dimensões com a atenção necessária para identificar o que deve ser priorizado, ou acrescentado.

Embora nos acostumemos a pensar a formação para o grupo de catequistas como um todo, faz-se necessário dar atenção aos interlocutores e ajudar os catequistas a desenvolver alguns aspectos específicos de acordo com o grupo que lhe será confiado. Para nossa conversa selecionamos quatro grupos: crianças, adolescentes, adultos e famílias.

4.1 O CATEQUISTA E AS CRIANÇAS

Em nossa realidade catequética, a catequese com crianças é majoritária. Embora os documentos apresentem a catequese com adultos como modelo, bem sabemos que necessitamos pensar a catequese com crianças e renová-la para que seja de inspiração catecumenal. Bem, não vamos falar de itinerários, nossa intenção é olhar a pessoa do catequista e nos perguntarmos: qual o perfil de um catequista de crianças? Como deveria ser sua formação?

Vamos começar recordando que a criança é capaz de se questionar sobre Deus e a existência da vida. Por isso o catequista precisa valorizar a capacidade da criança de se interessar pelas questões de fé e espiritualidade. Porém, atenção: não se trata dos grandes dogmas, ou de um resumo doutrinal. Com as crianças, antes de tudo, o desafio será desenvolver o sentido de fé, confiança, proximidade; é importante acolher a criança. Lembre-se do personagem Tistu (primeiro capítulo deste livro), o menino que tinha o dedo verde e ajuda as sementes escondidas a germinar e florescer.

Na relação com as crianças o catequista tem o desafio de se aproximar delas com carinho e atenção, sem infantilismos. Tem a missão de encantar a criança, para isso sua ação deve ser interativa, dialógica, perguntando-se sempre sobre o que a criança está preparada para receber e o que, nesse momento da vida, é necessário apresentar-lhe.

Muito se fala que a catequese deve ser querigmática, no caso da catequese com crianças o querigma se torna convite ao encantamento, sem esquecer a influência que a internet e a cultura digital exercem sobre as crianças. De fato, a cultura digital influencia em todas as dimensões, não podemos pensar que a experiência religiosa ficará isenta de tal influência.

O **ser** do catequista de crianças precisa desenvolver a sensibilidade necessária para acolher e interagir com elas em sua realidade sem infantilidades ou falsidades. Precisamos recordar que, de certo modo, o catequista será uma referência para a criança. Então é preciso seriedade em cada momento e em cada relação. Um perfil equilibrado e maduro, capaz de ser criativo o bastante para captar histórias da literatura infantil para o campo da catequese.

No que se refere ao **saber** do catequista é preciso oferecer conteúdo que permita compreender o desenvolvimento da criança. A psicologia e a pedagogia podem oferecer aos catequistas conhecimentos necessários para compreender a linguagem, como apreendem e assimilam informações, como também a visão de realidade das crianças.

Seria interessante buscar ajuda em filmes e animações que nos ajudem a trabalhar os valores em uma linguagem mais acessível. Podemos perceber que a arte da contação de histórias, muito desenvolvida no ambiente escolar, começa a ter espaço entre os catequistas. Essa é uma técnica que deve ser incentivada na catequese, resgatar os principais momentos da história da salvação e apresentar de maneira interativa e lúdica, sem esquecer de envolver a criança e permitir que ela se expresse e mostre sua compreensão e suas experiências.

Na catequese com crianças, o **saber fazer** do catequista deve contribuir para, gradualmente, educar na fé, desenvolvendo suas habilidades, considerando-os sujeitos ativos protagonistas no processo de sua formação cristã. É preciso conhecer o contexto familiar em que a criança está inserida e o que a catequese pode oferecer para que catequizandos e suas famílias sintam-se envolvidos por uma ação catequética que contribua para conscientizá-los do amor de Deus por eles e seus familiares.

4.2 O CATEQUISTA E OS ADOLESCENTES

Em nossos itinerários catequéticos, convivemos com os catequizandos por, pelo menos, cinco anos, o que deveria permitir ao catequista crescer na arte de acompanhar seus catequizandos. Na catequese temos contato, de modo mais próximo, com adolescentes que participam de itinerários de preparação sacramental. Embora saibamos que é necessário pensar atividades e itinerários de pós-crisma com adolescentes, ainda somos temerosos e as iniciativas são, por demais, esporádicas.

No entanto, se nos perguntássemos sobre o perfil do catequista para atuar com adolescentes, precisamos considerar que a fase pela qual os catequizandos passam é marcada "pelo impulso em direção à independência e, ao mesmo tempo, pelo medo de começar a distanciar-se do contexto familiar. Isso leva a constantes agitações entre explosões de entusiasmo e recaídas" (DC, n. 248). Sendo assim, precisamos desenvolver a arte de compreender o adolescente em seu mundo, em sua realidade e com sua linguagem.

Em primeiro lugar o catequista precisa ser sensível para escutar o que não será dito e entender o momento de indecisão, de silêncio, de expressão verbal e não verbal, e de busca de liberdade pela qual o adolescente passa. Em alguns casos o processo de construção da identidade é confundido com rebeldia ou desobediência sem razão.

O catequista tem o desafio de apresentar-se como testemunha convicta e alegre do que anuncia. Por isso em relação ao **ser** é importante que a formação ajude a identificar catequistas "com maturidade nos quais possam ver uma fé vivida com alegria e coerência […] mais propensas a sintonizar com o mundo deles, iluminando com a luz e alegria da fé" (DC, 249).

No que diz respeito ao **saber** do catequista, faz-se necessário trabalhar questões relacionadas ao desenvolvimento do adolescente, seus conflitos e suas necessidades. Não é exagero dizer que precisamos integrar noções de psicologia para melhor compreender a visão que os adolescentes têm do mundo, da fé, da vida.

Em relação ao **saber fazer**, é preciso contemplar o Mestre Jesus, para colocar-se ao lado dos adolescentes e apontar o essencial da fé; semear uma visão de Deus que o ama e com Ele quer estar; ser alguém que se faz irmão que ama, amigo que ajuda a viver melhor; saber valorizar sonhos e não julgar; reconhecer o protagonismo e favorecer relações de grupo significativas; possibilitar um espaço no qual as perguntas sejam acolhidas e as experiências inseridas em um contexto de fé para que sejam iluminadas pelo Evangelho. Podemos dizer que tudo isso exige do catequista certas atitudes: proximidade, abertura ao diálogo, paciência, acolhimento cordial e sem juízo de valor.

4.3 O CATEQUISTA E OS ADULTOS

A principal atitude do catequista em relação ao adulto é de quem se coloca ao lado como presença amiga que acompanha o processo de amadurecimento e crescimento na fé. Por isso, em relação à formação do catequista para a catequese com adultos, precisa desenvolver um perfil de educador da fé capaz de apoiá-los em seu processo de crescimento e amadurecimentos na fé.

Precisamos formar catequistas, não apenas capazes de acolher, mas que saibam caminhar junto com o adulto reconhecendo seu protagonismo e disposto a assumir o desafio de saber afastar-se no momento oportuno, respeitando a liberdade de cada um.

No texto de At 10, que refletimos no capítulo anterior, encontramos Pedro que inspira o catequista dos adultos: alguém capaz de ir ao encontro e acolher o outro em sua condição e realidade. Depois que Pedro realiza sua missão se propõe a ir embora, porém recebe o convite para permanecer. A atitude de Pedro de ficar, de permanecer na casa de Cornélio, nos recorda Jesus na narrativa dos Discípulos de Emaús (Lc 24,13-35); ao final do caminho o Senhor "fez menção de seguir adiante, mas eles o obrigaram a parar" (Lc 24,28-29). Tal atitude nos permite perceber a necessidade de respeitar o espaço e a liberdade do outro. Não é impor a presença, mas é saber aguardar o convite para permanecer e poder dialogar. Por isso precisamos nos colocar dispostos a estar ao lado para escutar o outro e acompanhá-lo em seu desenvolvimento e amadurecimento da fé.

4.4 O CATEQUISTA E AS FAMÍLIAS

Começamos por resgatar a definição de família que o Diretório para a Catequese apresenta: "família é uma comunidade de amor e vida, constituída de um complexo de relações interpessoais [...] mediante as quais cada pessoa humana é introduzida na família humana e na família de Deus que é a Igreja" (DC, n. 226). Dito isso, vamos nos perguntar: como deveria ser a relação dos catequistas com as famílias dos catequizandos?

Uma primeira resposta é a de compreender a importância de se buscar conhecer o contexto familiar em que os catequizandos se encontram. É importante ter presente esse cuidado, pois a família é o lugar no qual a fé pode ser vivida de maneira simples e espontânea.

Faz-se necessário acompanhar as famílias com atenção pastoral tendo presente um dado importante: ajudar pais e responsáveis para que vivam a experiência de encontrar-se com o amor de Deus e descobrir sua vontade para suas vidas. Se exigirmos que os pais e responsáveis sejam transmissores da fé, não podemos deixar de nos perguntar se eles conseguem fazer experiência de fé em sua espiritualidade pessoal e conjugal.

A formação do catequista precisa olhar paras as famílias com atenção e ajudar na aproximação acolhedora e aberta, com olhar atento para descobrir os espaços que precisam de acompanhamento para que a família continue a ser lugar onde se ensina e se vive a fé.

O itinerário formativo ajudará o catequista quando lhe der ferramentas para refletir e enxergar além dos modelos pré-concebidos, lembrando que precisamos de uma ação pastoral que acolha as famílias em suas realidades sem juízo de valor. Na formação do catequista é preciso uma atenção especial para ajudá-lo a desenvolver a sensibilidade do olhar solidário, daquele jeito de olhar que é capaz de enxergar a pessoa em sua realidade mais profunda.

De fato, a catequese de inspiração catecumenal exige catequistas bem formados, capazes de acolher e de "parar diante do outro quantas vezes forem necessárias [...], tornar presente a fragrância da presença solidária de Jesus e o seu olhar pessoal" (*EG*, n.169).

DICA DE ESTUDO E APROFUNDAMENTO

- Você pode estudar este capítulo individualmente ou com o grupo de catequistas. Se pensar no estudo de grupo, pode-se escolher pela modalidade presencial ou virtual, marcando um dia e horário para que todos possam ler, comentar e partilhar o estudo do capítulo.
- Após a leitura deste capítulo, tente fazer um registro das características principais da formação dos catequistas em relação a cada interlocutor aqui mencionado.
- O magistério da Igreja sempre orientou as famílias e refletiu sobre a beleza das relações familiares. Você já conhece a Exortação Apostólica *Amoris Laetitia*, que o Papa Francisco escreveu sobre o amor na família? Se ainda não conhece, ela é um ótimo subsídio para lhe ajudar a compreender melhor sua missão.
- Caso você já conheça, retome o estudo, pode lhe ajudar a melhor compreender a sua missão junto às famílias e desenvolver o seu perfil de ser, saber, saber fazer junto a esses interlocutores.

REFERÊNCIAS

BOSELLI, Godofredo. *O sentido espiritual da liturgia*. Brasília: Edições CNBB, 2014.

CARROLL, Lewis. *Alice no país das maravilhas*. Jandira/SP: Ciranda Cultural.

CNBB. *Diretório nacional de catequese*. Brasília: Edições CNBB, 2006.

CONCÍLIO ECUMÊNICO VATICANO II. DECRETO *AD GENTES*. In: KLOPPENBURG, Frei Boaventura (org). *Compêndio do Vaticano II*: constituições, decretos, declarações. Petrópolis: Vozes, 1968.

_____. DECRETO *CHRISTUS DOMINUS*. In: KLOPPENBURG, Frei Boaventura (org). *Compêndio do Vaticano II*: constituições, decretos, declarações. Petrópolis: Vozes, 1968.

_____. CONSTITUIÇÃO *SACROSANTUM CONCILIUM*. In: KLOPPENBURG, Frei Boaventura (org). *Compêndio do Vaticano II*: constituições, decretos, declarações. Petrópolis: Vozes, 1968.

DRUON, Maurice. *O menino do dedo verde*. 109. ed. Rio de Janeiro: José Olympio, 2017.

FLORISTÁN, Cassiano. *Catecumenato*: História e pastoral da iniciação. Petrópolis: Editora Vozes, 1995.

KLOPPENBURG, Frei Boaventura (org). *Compêndio do Vaticano II*: constituições, decretos, declarações. Petrópolis: Vozes, 1968.

LIMA, Luiz Alves de. A iniciação cristã ontem e hoje: História e documentação atual sobre a iniciação cristã. *Revista de Catequese*. UNISAL, n. 126, p. 6-22, 2009.

MCKENZIE John L. *Dicionário Bíblico*. 10. ed. São Paulo: Paulus, 2011.

NETWING, Roberto. In SOCIEDADE BRASILEIRA DE CATEQUETAS. *A catequese a serviço da iniciação à vida cristã*. Petrópolis: Vozes, 2018.

PAPA BENTO XVI. *Carta Encíclica* Deus Caritas Est: Sobre o amor cristão. São Paulo: Paulus, 2006.

PAPA FRANCISCO. *Amoris Laetitia*: Sobre o amor na família. Brasília: Edições CNBB, 2016.

_____. *Evangelii Gaudium*: A alegria do evangelho. São Paulo: Paulinas, 2013.

PONTIFÍCIO CONSELHO PARA A PROMOÇÃO DA NOVA EVANGELIZAÇÃO. *DIRETÓRIO PARA CATEQUESE*. Brasília: Edições CNBB, 2020.

SAINT-EXUPÉRY, Antoine de. *O pequeno príncipe*: Com as aquarelas do autor/Antoine de Saint-Exupéry; tradução de Rodrigo Tadeu Gonçalvez. Petrópolis: Vozes, 2015.

LEIA TAMBÉM:

Coordenação na catequese...

Sobre o que estamos falando?

Débora Regina Pupo

Este livro foi escrito pensando no coordenador de catequese e também no catequista de base, pois o que se pede para um coordenador de catequese é, também, o que se pede a um catequista. Isto porque o ministério da coordenação só tem sentido se for embasado na vocação de catequista. Neste sentido, o conteúdo desta obra contribui, com suas reflexões e roteiros de estudo, para ajudar a refletir sobre o perfil e missão da coordenação. O livro também é um instrumento de formação para catequistas, pois seu conteúdo e proposta de vivências podem ser adaptados a diversos grupos, conforme a necessidade de cada realidade. O importante é refletir a prática a partir da inspiração da vocação de ser catequista.

Nas páginas deste livro o leitor reconhecerá que coordenar é resposta a um chamado que se concretiza na doação de quem está à frente, mas sabe se reconhecer tão peregrino quanto os que lhe são confiados através do mistério da coordenação.

Débora Regina Pupo *é Coordenadora Regional da Dimensão Bíblico-Catequética do Regional Sul 2 da CNBB. Atua também na formação de lideranças nas diversas áreas da Teologia, tendo como campo mais específico a formação de catequistas. Foi assessora na formação para o clero e seminaristas dentro da área de Iniciação à Vida Cristã.*

LEIA TAMBÉM:

Celebrações no itinerário catequético...

Sobre o que estamos falando?

Débora Regina Pupo

Este livro apresenta uma reflexão sobre a dimensão celebrativa e seu lugar no itinerário catequético para que a celebração possa ser experimentada numa dinâmica processual na qual contribua e marque o amadurecimento dos catequizandos, no espaço catequético, sejam quais forem as suas faixas etárias.

Não se trata de explicar a celebração, ou apresentar um dicionário sobre símbolos e ritos. Antes a autora discorre sobre a necessidade de uma catequese celebrativa, que auxilia na iniciação litúrgica dos catequizandos e leva os catequistas a se perguntarem: por que celebrar?

Neste livro encontra-se também uma proposta de roteiros de estudo que possibilitam refletir e aprofundar o conteúdo apresentado pela autora, tanto com catequistas quanto com as famílias dos catequizandos.

Débora Regina Pupo *é Coordenadora Regional da Dimensão Bíblico-Catequética do Regional Sul 2 da CNBB. Atua também na formação de lideranças nas diversas áreas da Teologia, tendo como campo mais específico a formação de catequistas. Foi assessora na formação para o clero e seminaristas dentro da área de Iniciação à Vida Cristã.*

CULTURAL

Administração
Antropologia
Biografias
Comunicação
Dinâmicas e Jogos
Ecologia e Meio Ambiente
Educação e Pedagogia
Filosofia
História
Letras e Literatura
Obras de referência
Política
Psicologia
Saúde e Nutrição
Serviço Social e Trabalho
Sociologia

CATEQUÉTICO PASTORAL

Catequese
Geral
Crisma
Primeira Eucaristia

Pastoral
Geral
Sacramental
Familiar
Social
Ensino Religioso Escolar

TEOLÓGICO ESPIRITUAL

Biografias
Devocionários
Espiritualidade e Mística
Espiritualidade Mariana
Franciscanismo
Autoconhecimento
Liturgia
Obras de referência
Sagrada Escritura e Livros Apócrifos

Teologia
Bíblica
Histórica
Prática
Sistemática

REVISTAS

Concilium
Estudos Bíblicos
Grande Sinal
REB (Revista Eclesiástica Brasileira)

VOZES NOBILIS

Uma linha editorial especial, com importantes autores, alto valor agregado e qualidade superior.

VOZES DE BOLSO

Obras clássicas de Ciências Humanas em formato de bolso.

PRODUTOS SAZONAIS

Folhinha do Sagrado Coração de Jesus
Calendário de mesa do Sagrado Coração de Jesus
Almanaque Santo Antônio
Agendinha
Diário Vozes
Meditações para o dia a dia
Encontro diário com Deus
Guia Litúrgico

CADASTRE-SE
www.vozes.com.br

EDITORA VOZES LTDA.
Rua Frei Luís, 100 – Centro – Cep 25689-900 – Petrópolis, RJ
Tel.: (24) 2233-9000 – Fax: (24) 2231-4676 – E-mail: vendas@vozes.com.br

UNIDADES NO BRASIL: Belo Horizonte, MG – Brasília, DF – Campinas, SP – Cuiabá, MT
Curitiba, PR – Fortaleza, CE – Juiz de Fora, MG – Petrópolis, RJ – Recife, PE – São Paulo, SP